TRANZLATY

La Langue est pour tout le Monde

زبان سب کے لیے ہے۔

La Belle et la Bête

خوبصورتی اور جانور

Gabrielle-Suzanne Barbot de Villeneuve

Français / اردو

Copyright © 2025 Tranzlaty
All rights reserved
Published by Tranzlaty
ISBN: 978-1-80572-067-6
Original text by Gabrielle-Suzanne Barbot de Villeneuve
La Belle et la Bête
First published in French in 1740
Taken from The Blue Fairy Book (Andrew Lang)
Illustration by Walter Crane
www.tranzlaty.com

Il était une fois un riche marchand
ایک زمانے میں ایک امیر سوداگر تھا۔
ce riche marchand avait six enfants
اس امیر تاجر کے چھ بچے تھے۔
il avait trois fils et trois filles
اس کے تین بیٹے اور تین بیٹیاں تھیں۔
il n'a épargné aucun coût pour leur éducation
اس نے ان کی تعلیم کے لیے کوئی قیمت نہیں چھوڑی۔
parce qu'il était un homme sensé
کیونکہ وہ ایک باشعور آدمی تھا۔
mais il a donné à ses enfants de nombreux serviteurs
لیکن اس نے اپنے بچوں کو بہت سے نوکر دئیے
ses filles étaient extrêmement jolies
اس کی بیٹیاں بہت خوبصورت تھیں۔
et sa plus jeune fille était particulièrement jolie
اور اس کی سب سے چھوٹی بیٹی خاص طور پر خوبصورت تھی۔
Déjà enfant, sa beauté était admirée
بچپن میں ہی اس کی خوبصورتی کی تعریف کی گئی تھی۔
et les gens l'appelaient à cause de sa beauté
اور لوگ اسے اس کی خوبصورتی سے پکارتے تھے۔
sa beauté ne s'est pas estompée avec l'âge
عمر بڑھنے کے ساتھ اس کی خوبصورتی ختم نہیں ہوئی۔
alors les gens ont continué à l'appeler par sa beauté
تو لوگ اسے اس کی خوبصورتی سے پکارتے رہے۔
cela a rendu ses sœurs très jalouses
اس سے اس کی بہنوں کو بہت رشک آیا
les deux filles aînées avaient beaucoup de fierté
دونوں بڑی بیٹیوں کو بڑا فخر تھا۔
leur richesse était la source de leur fierté
ان کی دولت ان کے فخر کا باعث تھی۔
et ils n'ont pas caché leur fierté non plus
اور انہوں نے اپنا غرور بھی نہیں چھپایا
ils n'ont pas rendu visite aux filles d'autres marchands
وہ دوسرے تاجروں کی بیٹیوں کے پاس نہیں جاتے تھے۔
parce qu'ils ne rencontrent que l'aristocratie
کیونکہ وہ صرف اشرافیہ سے ملتے ہیں۔

ils sortaient tous les jours pour faire la fête
وہ ہر روز پارٹیوں کے لیے باہر جاتے تھے۔
bals, pièces de théâtre, concerts, etc.
گیندیں، ڈرامے، کنسرٹ وغیرہ
et ils se moquèrent de leur plus jeune sœur
اور وہ اپنی سب سے چھوٹی بہن پر ہنسے۔
parce qu'elle passait la plupart de son temps à lire
کیونکہ اس نے اپنا زیادہ تر وقت پڑھنے میں صرف کیا۔
il était bien connu qu'ils étaient riches
یہ مشہور تھا کہ وہ دولت مند تھے۔
alors plusieurs marchands éminents ont demandé leur main
تو کئی نامور تاجروں نے ان سے ہاتھ مانگا۔
mais ils ont dit qu'ils n'allaient pas se marier
لیکن انہوں نے کہا کہ وہ شادی نہیں کریں گے۔
mais ils étaient prêts à faire quelques exceptions
لیکن وہ کچھ استثناء کرنے کے لیے تیار تھے۔
« Peut-être que je pourrais épouser un duc »
"شاید میں ڈیوک سے شادی کر سکتا ہوں"
« Je suppose que je pourrais épouser un comte »
"مجھے لگتا ہے کہ میں ایک ارل سے شادی کر سکتا ہوں"
Belle a remercié très civilement ceux qui lui ont proposé
خوبصورتی نے بہت ہی مہذب انداز میں ان لوگوں کا شکریہ ادا کیا جنہوں نے اسے تجویز کیا۔
elle leur a dit qu'elle était encore trop jeune pour se marier
اس نے انہیں بتایا کہ وہ ابھی شادی کے لیے بہت چھوٹی ہے۔
elle voulait rester quelques années de plus avec son père
وہ اپنے والد کے ساتھ مزید کچھ سال رہنا چاہتی تھی۔
Tout d'un coup, le marchand a perdu sa fortune
ایک دم سوداگر اپنی قسمت کھو بیٹھا۔
il a tout perdu sauf une petite maison de campagne
اس نے ایک چھوٹے سے ملک کے گھر کے علاوہ سب کچھ کھو دیا۔
et il dit à ses enfants, les larmes aux yeux :
اور اس نے آنکھوں میں آنسو لیے اپنے بچوں سے کہا :
« il faut aller à la campagne »
"ہمیں دیہی علاقوں میں جانا چاہیے"
« et nous devons travailler pour gagner notre vie »

"اور ہمیں اپنی زندگی کے لیے کام کرنا چاہیے"
les deux filles aînées ne voulaient pas quitter la ville
دونوں بڑی بیٹیاں شہر چھوڑنا نہیں چاہتی تھیں۔
ils avaient plusieurs amants dans la ville
شہر میں ان کے کئی عاشق تھے۔
et ils étaient sûrs que l'un de leurs amants les épouserait
اور انہیں یقین تھا کہ ان کے چاہنے والوں میں سے کوئی ان سے شادی کرے گا۔
ils pensaient que leurs amants les épouseraient même sans fortune
ان کا خیال تھا کہ ان کے چاہنے والے ان سے شادی کر لیں گے یہاں تک کہ خوش قسمتی سے بھی
mais les bonnes dames se sont trompées
لیکن اچھی عورتیں غلط تھیں۔
leurs amants les ont abandonnés très vite
ان کے چاہنے والوں نے انہیں بہت جلد چھوڑ دیا۔
parce qu'ils n'avaient plus de fortune
کیونکہ ان کے پاس اب کوئی خوش قسمتی نہیں تھی۔
cela a montré qu'ils n'étaient pas vraiment appréciés
یہ ظاہر کرتا ہے کہ وہ اصل میں اچھی طرح سے پسند نہیں تھے
tout le monde a dit qu'ils ne méritaient pas d'être plaints
سب نے کہا کہ وہ ترس کھانے کے لائق نہیں ہیں۔
« Nous sommes heureux de voir leur fierté humiliée »
"ہمیں ان کے غرور کو پست دیکھ کر خوشی ہوئی"
« Qu'ils soient fiers de traire les vaches »
"وہ گائے کو دودھ دینے پر فخر کریں"
mais ils étaient préoccupés par Belle
لیکن وہ خوبصورتی کے لیے فکر مند تھے۔
elle était une créature si douce
وہ اتنی پیاری مخلوق تھی۔
elle parlait si gentiment aux pauvres
وہ غریب لوگوں سے بہت نرمی سے بات کرتی تھی۔
et elle était d'une nature si innocente
اور وہ اتنی معصوم طبیعت کی تھی۔
Plusieurs messieurs l'auraient épousée
کئی حضرات اس سے شادی کر چکے ہوں گے۔

ils l'auraient épousée même si elle était pauvre
وہ غریب ہونے کے باوجود اس سے شادی کر لیتے
mais elle leur a dit qu'elle ne pouvait pas les épouser
لیکن اس نے انہیں بتایا کہ وہ ان سے شادی نہیں کر سکتی
parce qu'elle ne voulait pas quitter son père
کیونکہ وہ اپنے باپ کو نہیں چھوڑے گی۔
elle était déterminée à l'accompagner à la campagne
وہ اس کے ساتھ دیہی علاقوں میں جانے کے لیے پر عزم تھی۔
afin qu'elle puisse le réconforter et l'aider
تاکہ وہ اسے تسلی دے اور اس کی مدد کر سکے۔
pauvre Belle était très affligée au début
بیچارہ حسن پہلے تو بہت غمگین تھا۔
elle était attristée par la perte de sa fortune
وہ اپنی قسمت کے نقصان سے غمگین تھی۔
"Mais pleurer ne changera pas mon destin"
"لیکن رونے سے میری قسمت نہیں بدلے گی "
« Je dois essayer de me rendre heureux sans richesse »
"مجھے دولت کے بغیر خود کو خوش رکھنے کی کوشش کرنی چاہیے"
ils sont venus dans leur maison de campagne
وہ اپنے ملک کے گھر آئے
et le marchand et ses trois fils s'appliquèrent à l'agriculture
اور سوداگر اور اس کے تین بیٹوں نے خود کو پالنے کے لیے لگا دیا۔
Belle s'est levée à quatre heures du matin
صبح چار بجے خوبصورتی بڑھ گئی۔
et elle s'est dépêchée de nettoyer la maison
اور وہ جلدی سے گھر صاف کرنے لگی
et elle s'est assurée que le dîner était prêt
اور اس نے یقینی بنایا کہ رات کا کھانا تیار ہے۔
au début, elle a trouvé sa nouvelle vie très difficile
شروع میں اسے اپنی نئی زندگی بہت مشکل لگی
parce qu'elle n'était pas habituée à un tel travail
کیونکہ وہ ایسے کام کی عادی نہیں تھی۔
mais en moins de deux mois elle est devenue plus forte
لیکن دو ماہ سے بھی کم عرصے میں وہ مضبوط ہو گئی۔
et elle était en meilleure santé que jamais auparavant
اور وہ پہلے سے زیادہ صحت مند تھی۔

après avoir fait son travail, elle a lu
اپنا کام کرنے کے بعد اس نے پڑھا۔

elle jouait du clavecin
وہ ہارپسیکورڈ پر کھیلتی تھی۔

ou elle chantait en filant de la soie
یا اس نے ریشم کاتتے ہوئے گایا

au contraire, ses deux sœurs ne savaient pas comment passer leur temps
اس کے برعکس، اس کی دونوں بہنیں نہیں جانتی تھیں کہ اپنا وقت کیسے گزاریں۔

ils se sont levés à dix heures et n'ont rien fait d'autre que paresser toute la journée
وہ دس بجے اٹھے اور سارا دن سستی کے سوا کچھ نہیں کیا۔

ils ont déploré la perte de leurs beaux vêtements
انہوں نے اپنے عمدہ لباس کے نقصان پر افسوس کا اظہار کیا۔

et ils se sont plaints d'avoir perdu leurs connaissances
اور انہوں نے اپنے جاننے والوں کو کھونے کی شکایت کی۔

« Regardez notre plus jeune sœur », se dirent-ils.
"ہماری سب سے چھوٹی بہن کو دیکھو، "انہوں نے ایک دوسرے سے کہا

"Quelle pauvre et stupide créature elle est"
"کتنی غریب اور احمق مخلوق ہے وہ "

"C'est mesquin de se contenter de si peu"
"اس کا مطلب یہ ہے کہ بہت کم پر راضی رہنا "

le gentil marchand était d'un avis tout à fait différent
مہربان تاجر کی رائے بالکل مختلف تھی۔

il savait très bien que Belle éclipsait ses sœurs
وہ اچھی طرح جانتا تھا کہ خوبصورتی اس کی بہنوں کو پیچھے چھوڑ دیتی ہے۔

elle les a surpassés en caractère ainsi qu'en esprit
اس نے کردار کے ساتھ ساتھ دماغ میں بھی ان کو پیچھے چھوڑ دیا۔

il admirait son humilité et son travail acharné
اس نے اس کی عاجزی اور اس کی محنت کی تعریف کی۔

mais il admirait surtout sa patience
لیکن سب سے زیادہ اس نے اس کے صبر کی تعریف کی۔

ses sœurs lui ont laissé tout le travail à faire

اس کی بہنوں نے اسے تمام کام کرنے کے لیے چھوڑ دیا۔
et ils l'insultaient à chaque instant
اور انہوں نے ہر لمحہ اس کی توہین کی۔
La famille vivait ainsi depuis environ un an.
یہ خاندان تقریباً ایک سال تک ایسے ہی رہتا تھا۔
puis le commerçant a reçu une lettre d'un comptable
پھر تاجر کو ایک اکاؤنٹنٹ کا خط ملا
il avait un investissement dans un navire
اس نے ایک جہاز میں سرمایہ کاری کی تھی۔
et le navire était arrivé sain et sauf
اور جہاز بحفاظت پہنچ گیا تھا۔
Cette nouvelle a fait tourner les têtes des deux filles aînées
نے دونوں بڑی بیٹیوں کے سر پھیر دیے۔
ils ont immédiatement eu l'espoir de revenir en ville
انہیں فوری طور پر شہر واپس آنے کی امید تھی۔
parce qu'ils étaient assez fatigués de la vie à la campagne
کیونکہ وہ دیسی زندگی سے بہت تنگ تھے۔
ils sont allés vers leur père alors qu'il partait
وہ اپنے باپ کے پاس گئے جب وہ جا رہا تھا۔
ils l'ont supplié de leur acheter de nouveaux vêtements
اُنہوں نے اُس سے التجا کی کہ وہ اُن کے لیے نئے کپڑے خریدے۔
des robes, des rubans et toutes sortes de petites choses
کپڑے، ربن، اور ہر طرح کی چھوٹی چیزیں
mais Belle n'a rien demandé
لیکن خوبصورتی نے کچھ نہیں مانگا۔
parce qu'elle pensait que l'argent ne serait pas suffisant
کیونکہ اس کا خیال تھا کہ پیسے کافی نہیں ہوں گے۔
il n'y aurait pas assez pour acheter tout ce que ses sœurs voulaient
ہر وہ چیز خریدنے کے لیے کافی نہیں ہوگی جو اس کی بہنیں چاہتی تھیں۔
"Que veux-tu, ma belle ?" demanda son père
"تم کیا پسند کرو گی خوبصورتی؟ "اس کے والد سے پوچھا
« Merci, père, pour la bonté de penser à moi », dit-elle
"آپ کا شکریہ، والد، میرے بارے میں سوچنے کے لئے اچھائی کے لئے، "اس نے کہا

« Père, ayez la gentillesse de m'apporter une rose »
"ابا، اتنا مہربان ہو کہ مجھے ایک گلاب لا دیں "
"parce qu'aucune rose ne pousse ici dans le jardin"
"کیونکہ یہاں باغ میں کوئی گلاب نہیں اگتا "
"et les roses sont une sorte de rareté"
"اور گلاب ایک قسم کی نایاب ہیں "
Belle ne se souciait pas vraiment des roses
خوبصورتی واقعی گلابوں کی پرواہ نہیں کرتی تھی۔
elle a juste demandé quelque chose pour ne pas condamner ses sœurs
اس نے صرف اپنی بہنوں کی مذمت نہ کرنے کے لیے کچھ مانگا۔
mais ses sœurs pensaient qu'elle avait demandé des roses pour d'autres raisons
لیکن اس کی بہنوں کا خیال تھا کہ اس نے دوسری وجوہات کی بنا پر گلاب مانگے ہیں۔
"Elle l'a fait juste pour avoir l'air particulière"
"اس نے یہ صرف خاص نظر آنے کے لیے کیا "
L'homme gentil est parti en voyage
مہربان آدمی اپنے سفر پر چلا گیا۔
mais quand il est arrivé, ils se sont disputés à propos de la marchandise
لیکن جب وہ پہنچا تو وہ سامان کے بارے میں بحث کرنے لگے
et après beaucoup d'ennuis, il est revenu aussi pauvre qu'avant
اور بہت تکلیف کے بعد وہ پہلے کی طرح غریب واپس آیا
il était à quelques heures de sa propre maison
وہ اپنے گھر سے چند گھنٹوں کے اندر اندر تھا۔
et il imaginait déjà la joie de revoir ses enfants
اور اس نے پہلے ہی اپنے بچوں کو دیکھ کر خوشی کا تصور کر لیا تھا۔
mais en traversant la forêt, il s'est perdu
لیکن جنگل میں جاتے وقت وہ گم ہو گیا۔
il a plu et neigé terriblement
بارش ہوئی اور بہت زیادہ برف باری ہوئی۔
le vent était si fort qu'il l'a fait tomber de son cheval
ہوا اتنی تیز تھی کہ اس نے اسے گھوڑے سے اتار دیا۔

et la nuit arrivait rapidement
اور رات تیزی سے آ رہی تھی
il a commencé à penser qu'il pourrait mourir de faim
وہ سوچنے لگا کہ شاید وہ بھوکا مر جائے۔
et il pensait qu'il pourrait mourir de froid
اور اس نے سوچا کہ شاید وہ جم جائے گا۔
et il pensait que les loups pourraient le manger
اور اس نے سوچا کہ اسے بھیڑیے کھا سکتے ہیں۔
les loups qu'il entendait hurler tout autour de lui
وہ بھیڑیے جنہیں اس نے اپنے چاروں طرف چیختے سنا
mais tout à coup il a vu une lumière
لیکن اچانک اس نے ایک روشنی دیکھی۔
il a vu la lumière au loin à travers les arbres
اس نے درختوں میں سے کچھ فاصلے پر روشنی دیکھی۔
quand il s'est approché, il a vu que la lumière était un palais
قریب پہنچا تو دیکھا کہ روشنی ایک محل تھی۔
le palais était illuminé de haut en bas
محل اوپر سے نیچے تک روشن تھا۔
le marchand a remercié Dieu pour sa chance
تاجر نے اپنی قسمت پر اللہ کا شکر ادا کیا۔
et il se précipita vers le palais
اور وہ جلدی سے محل کی طرف بڑھا
mais il fut surpris de ne voir personne dans le palais
لیکن محل میں لوگوں کو نہ دیکھ کر وہ حیران ہوا۔
la cour était complètement vide
عدالت کا صحن بالکل خالی تھا۔
et il n'y avait aucun signe de vie nulle part
اور کہیں بھی زندگی کا کوئی نشان نہیں تھا۔
son cheval le suivit dans le palais
اس کا گھوڑا اس کے پیچھے محل میں چلا گیا۔
et puis son cheval a trouvé une grande écurie
اور پھر اس کا گھوڑا بڑا مستحکم پایا
le pauvre animal était presque affamé
غریب جانور تقریبا بھوکا تھا
alors son cheval est allé chercher du foin et de l'avoine
چنانچہ اس کا گھوڑا گھاس اور جئی تلاش کرنے کے لیے اندر گیا۔

Heureusement, il a trouvé beaucoup à manger
خوش قسمتی سے اسے کھانے کے لیے کافی ملا
et le marchand attacha son cheval à la mangeoire
اور سوداگر نے اپنا گھوڑا چرنی کے ساتھ باندھ دیا۔
En marchant vers la maison, il n'a vu personne
گھر کی طرف بڑھا تو اسے کوئی نظر نہیں آیا
mais dans une grande salle il trouva un bon feu
لیکن ایک بڑے ہال میں اسے اچھی آگ لگی
et il a trouvé une table dressée pour une personne
اور اسے ایک کے لیے ایک میز ملا
il était mouillé par la pluie et la neige
وہ بارش اور برف سے گیلا تھا۔
alors il s'est approché du feu pour se sécher
سو وہ خود کو خشک کرنے کے لیے آگ کے قریب گیا۔
« J'espère que le maître de maison m'excusera »
"مجھے امید ہے گھر کے مالک مجھے معاف کر دیں گے"
« Je suppose qu'il ne faudra pas longtemps pour que quelqu'un apparaisse »
"مجھے لگتا ہے کہ کسی کے ظاہر ہونے میں زیادہ وقت نہیں لگے گا"
Il a attendu un temps considérable
اس نے کافی دیر انتظار کیا۔
il a attendu jusqu'à ce que onze heures sonnent, et toujours personne n'est venu
وہ گیارہ بجے تک انتظار کرتا رہا، پھر بھی کوئی نہیں آیا
enfin, il avait tellement faim qu'il ne pouvait plus attendre
آخرکار وہ اتنا بھوکا تھا کہ وہ مزید انتظار نہیں کر سکتا تھا۔
il a pris du poulet et l'a mangé en deux bouchées
اس نے چکن لیا اور دو منہ میں کھا لیا۔
il tremblait en mangeant la nourriture
کھانا کھاتے ہوئے وہ کانپ رہا تھا۔
après cela, il a bu quelques verres de vin
اس کے بعد اس نے شراب کے چند گلاس پیے۔
devenant plus courageux, il sortit du hall
وہ مزید ہمت بڑھا کر ہال سے باہر نکل گیا۔
et il traversa plusieurs grandes salles
اور وہ کئی بڑے ہالوں سے گزرا۔

il a traversé le palais jusqu'à ce qu'il arrive dans une chambre
وہ محل سے گزرا یہاں تک کہ وہ ایک کوٹھڑی میں آ گیا۔

une chambre qui contenait un très bon lit
ایک کمرہ جس میں ایک بہت اچھا بستر تھا۔

il était très fatigué par son épreuve
وہ اپنی آزمائش سے بہت تھکا ہوا تھا۔

et il était déjà minuit passé
اور وقت آدھی رات گزر چکا تھا۔

alors il a décidé qu'il était préférable de fermer la porte
تو اس نے فیصلہ کیا کہ دروازہ بند کرنا ہی بہتر ہے۔

et il a conclu qu'il devrait aller se coucher
اور اس نے یہ نتیجہ اخذ کیا کہ اسے بستر پر جانا چاہئے۔

Il était dix heures du matin lorsque le marchand s'est réveillé
صبح کے دس بج رہے تھے جب سوداگر بیدار ہوا۔

au moment où il allait se lever, il vit quelque chose
جیسے ہی وہ اٹھنے جا رہا تھا اس نے کچھ دیکھا

il a été étonné de voir un ensemble de vêtements propres
وہ صاف ستھرے کپڑوں کو دیکھ کر حیران رہ گیا۔

à l'endroit où il avait laissé ses vêtements sales
اس جگہ جہاں اس نے اپنے گندے کپڑے چھوڑے تھے۔

"ce palais appartient certainement à une sorte de fée"
"یقیناً یہ محل کسی پری کا ہے "

" une fée qui m'a vu et qui a eu pitié de moi"
"ایک پری جس نے مجھے دیکھا اور ترس آیا "

il a regardé à travers une fenêtre
اس نے کھڑکی سے دیکھا

mais au lieu de neige, il vit le jardin le plus charmant
لیکن برف کے بجائے اس نے سب سے لذت بخش باغ دیکھا

et dans le jardin il y avait les plus belles roses
اور باغ میں سب سے خوبصورت گلاب تھے۔

il est ensuite retourné dans la grande salle
پھر وہ عظیم ہال میں واپس آیا

la salle où il avait mangé de la soupe la veille
وہ ہال جہاں اس نے ایک رات پہلے سوپ کھایا تھا۔

et il a trouvé du chocolat sur une petite table

اور اسے ایک چھوٹی میز پر چاکلیٹ ملی

« Merci, bonne Madame la Fée », dit-il à voix haute.

"شکریہ گڈ میڈم پری "اس نے بلند آواز میں کہا

"Merci d'être si attentionné"

"اتنا خیال رکھنے کا شکریہ "

« Je vous suis extrêmement reconnaissant pour toutes vos faveurs »

"میں آپ کے تمام احسانات کا انتہائی پابند ہوں "

l'homme gentil a bu son chocolat

مہربان آدمی نے اپنی چاکلیٹ پی لی

et puis il est allé chercher son cheval

اور پھر وہ اپنے گھوڑے کو ڈھونڈنے چلا گیا۔

mais dans le jardin il se souvint de la demande de Belle

لیکن باغ میں اسے خوبصورتی کی فرمائش یاد آ گئی۔

et il coupa une branche de roses

اور اس نے گلاب کی ایک شاخ کاٹ دی۔

immédiatement il entendit un grand bruit

فوراً اس نے ایک بڑا شور سنا

et il vit une bête terriblement effrayante

اور اس نے ایک بہت ہی خوفناک جانور دیکھا

il était tellement effrayé qu'il était sur le point de s'évanouir

وہ اتنا خوفزدہ تھا کہ وہ بے ہوش ہونے کو تیار تھا۔

« Tu es bien ingrat », lui dit la bête.

"تم بہت ناشکرے ہو "درندے نے اس سے کہا

et la bête parla d'une voix terrible

اور حیوان خوفناک آواز میں بولا۔

« Je t'ai sauvé la vie en te laissant entrer dans mon château »

"میں نے تمہیں اپنے محل میں جانے کی اجازت دے کر تمہاری جان بچائی ہے "

"et pour ça tu me voles mes roses en retour ?"

"اور اس کے بدلے میں تم میرے گلاب چراتے ہو؟ "

« Les roses que j'apprécie plus que tout »

"وہ گلاب جن کی میں کسی بھی چیز سے بڑھ کر قدر کرتا ہوں "

"mais tu mourras pour ce que tu as fait"

"لیکن تم اپنے کیے کے لیے مر جاؤ گے "

« Je ne vous donne qu'un quart d'heure pour vous préparer »
"میں آپ کو صرف ایک گھنٹے کا وقت دیتا ہوں اپنے آپ کو تیار کرنے کے لیے "

« Préparez-vous à la mort et dites vos prières »
"موت کے لیے تیار ہو جاؤ اور نماز پڑھو "

le marchand tomba à genoux
سوداگر گھٹنوں کے بل گر گیا۔

et il leva ses deux mains
اور اس نے اپنے دونوں ہاتھ اٹھا لیے

« Monseigneur, je vous supplie de me pardonner »
"میرے آقا، میں آپ سے التجا کرتا ہوں کہ مجھے معاف کر دیں "

« Je n'avais aucune intention de t'offenser »
"میرا آپ کو ناراض کرنے کا کوئی ارادہ نہیں تھا "

« J'ai cueilli une rose pour une de mes filles »
"میں نے اپنی بیٹیوں میں سے ایک کے لیے گلاب جمع کیا "

"elle m'a demandé de lui apporter une rose"
"اس نے مجھ سے گلاب لانے کو کہا "

« Je ne suis pas ton seigneur, mais je suis une bête »,
répondit le monstre
"میں تمہارا رب نہیں ہوں، لیکن میں ایک حیوان ہوں، "عفریت نے جواب دیا۔

« Je n'aime pas les compliments »
"مجھے تعریف پسند نہیں "

« J'aime les gens qui parlent comme ils pensent »
"مجھے وہ لوگ پسند ہیں جو اپنی سوچ کے مطابق بولتے ہیں "

« N'imaginez pas que je puisse être ému par la flatterie »
"یہ تصور نہ کریں کہ میں چاپلوسی سے متاثر ہو سکتا ہوں "

« Mais tu dis que tu as des filles »
"لیکن تم کہتے ہو کہ تمہاری بیٹیاں ہیں "

"Je te pardonnerai à une condition"
"میں تمہیں ایک شرط پر معاف کر دوں گا "

« L'une de vos filles doit venir volontairement à mon palais »
"تمہاری بیٹیوں میں سے ایک خوشی سے میرے محل میں آئے "

"et elle doit souffrir pour toi"
"اور اسے تمہارے لیے تکلیف اٹھانی پڑے گی "

« Donne-moi ta parole »

"مجھے آپ کی بات کرنے دو "

"et ensuite tu pourras vaquer à tes occupations"

"اور پھر آپ اپنے کاروبار کے بارے میں جا سکتے ہیں "۔

« Promets-moi ceci : »

"مجھ سے یہ وعدہ کرو ":

"Si votre fille refuse de mourir pour vous, vous devez revenir dans les trois mois"

"اگر آپ کی بیٹی آپ کے لیے مرنے سے انکار کرتی ہے تو آپ کو تین ماہ کے اندر واپس آنا چاہیے "

le marchand n'avait aucune intention de sacrifier ses filles

تاجر کا اپنی بیٹیوں کو قربان کرنے کا کوئی ارادہ نہیں تھا۔

mais, comme on lui en donnait le temps, il voulait revoir ses filles une fois de plus

لیکن، چونکہ اسے وقت دیا گیا تھا، وہ اپنی بیٹیوں کو ایک بار پھر دیکھنا چاہتا تھا۔

alors il a promis qu'il reviendrait

تو اس نے وعدہ کیا کہ وہ واپس آئے گا۔

et la bête lui dit qu'il pouvait partir quand il le voudrait

اور جانور نے اس سے کہا کہ جب وہ چاہے نکل سکتا ہے۔

et la bête lui dit encore une chose

اور جانور نے اسے ایک اور بات بتائی

« Tu ne partiras pas les mains vides »

"آپ خالی ہاتھ نہیں جائیں گے "

« retourne dans la pièce où tu étais allongé »

"اس کمرے میں واپس جائیں جہاں آپ لیٹے ہیں "

« vous verrez un grand coffre au trésor vide »

"آپ کو ایک بہت بڑا خالی خزانہ نظر آئے گا "

« Remplissez le coffre aux trésors avec ce que vous préférez »

"خزانے کے سینے کو اس چیز سے بھریں جو آپ کو بہترین لگے "

"et j'enverrai le coffre au trésor chez toi"

"اور میں خزانے کو آپ کے گھر بھیج دوں گا "

et en même temps la bête s'est retirée

اور اسی وقت جانور پیچھے ہٹ گیا۔

« Eh bien, » se dit le bon homme

"اچھا "اچھے آدمی نے اپنے آپ سے کہا

« Si je dois mourir, je laisserai au moins quelque chose à mes enfants »

"اگر مجھے مرنا ہے تو میں کم از کم اپنے بچوں کے لیے کچھ چھوڑ جاؤں گا "

alors il retourna dans la chambre à coucher

تو وہ بیڈ چیمبر میں واپس آیا

et il a trouvé une grande quantité de pièces d'or

اور اسے سونے کے بہت سے ٹکڑے ملے

il a rempli le coffre au trésor que la bête avait mentionné

اس نے خزانے کے سینے کو بھر دیا جس کا ذکر حیوان نے کیا تھا۔

et il sortit son cheval de l'écurie

اور اس نے اپنا گھوڑا اصطبل سے باہر نکالا۔

la joie qu'il ressentait en entrant dans le palais était désormais égale à la douleur qu'il ressentait en le quittant

محل میں داخل ہوتے ہوئے اس نے جو خوشی محسوس کی تھی وہ اب اس غم کے برابر تھی جو اس نے اسے چھوڑتے ہوئے محسوس کی تھی۔

le cheval a pris un des chemins de la forêt

گھوڑے نے جنگل کی ایک سڑک پکڑ لی

et quelques heures plus tard, le bon homme était à la maison

اور چند گھنٹوں میں اچھا آدمی گھر پہنچ گیا۔

ses enfants sont venus à lui

اس کے بچے اس کے پاس آئے

mais au lieu de recevoir leurs étreintes avec plaisir, il les regardait

لیکن خوشی سے ان کے گلے ملنے کے بجائے اس نے ان کی طرف دیکھا

il brandit la branche qu'il tenait dans ses mains

اس نے اپنے ہاتھ میں جو شاخ تھی اسے تھام لیا۔

et puis il a fondu en larmes

اور پھر وہ رو پڑا

« Belle », dit-il, « s'il te plaît, prends ces roses »

"خوبصورتی، "اس نے کہا،" براہ کرم یہ گلاب لے لو "

"Vous ne pouvez pas savoir à quel point ces roses ont été chères"

"آپ نہیں جان سکتے کہ یہ گلاب کتنے مہنگے ہیں"
"Ces roses ont coûté la vie à ton père"
"ان گلابوں نے تمہارے باپ کی جان گنوا دی ہے"
et puis il raconta sa fatale aventure
اور پھر اس نے اپنے مہلک ایڈونچر کے بارے میں بتایا
immédiatement les deux sœurs aînées crièrent
فوراً ہی دونوں بڑی بہنیں پکار اٹھیں۔
et ils ont dit beaucoup de choses méchantes à leur belle sœur
اور انہوں نے اپنی خوبصورت بہن سے بہت سی باتیں کہیں۔
mais Belle n'a pas pleuré du tout
لیکن خوبصورتی بالکل نہیں روئی
« Regardez l'orgueil de ce petit misérable », dirent-ils.
انہوں نے کہا،" اس ننھے مکار کا غرور دیکھو۔"
"elle n'a pas demandé de beaux vêtements"
"اس نے اچھے کپڑے نہیں مانگے"
"Elle aurait dû faire ce que nous avons fait"
"اسے وہی کرنا چاہیے تھا جو ہم نے کیا"
"elle voulait se distinguer"
"وہ خود کو ممتاز کرنا چاہتی تھی"
"alors maintenant elle sera la mort de notre père"
"تو اب وہ ہمارے باپ کی موت ہو گی"
"et pourtant elle ne verse pas une larme"
"اور پھر بھی وہ ایک آنسو نہیں بہاتی"
"Pourquoi devrais-je pleurer ?" répondit Belle
"میں کیوں روؤں؟" خوبصورتی نے جواب دیا۔
« pleurer serait très inutile »
"رونا بہت بے مقصد ہوگا"
« Mon père ne souffrira pas pour moi »
"میرے والد میرے لیے تکلیف نہیں اٹھائیں گے"
"le monstre acceptera une de ses filles"
"عفریت اپنی بیٹیوں میں سے ایک کو قبول کرے گا"
« Je m'offrirai à toute sa fureur »
"میں اپنے آپ کو اس کے تمام غصے کے سامنے پیش کروں گا"
« Je suis très heureux, car ma mort sauvera la vie de mon père »
"میں بہت خوش ہوں، کیونکہ میری موت سے میرے والد کی جان بچ

جائے گی "

"ma mort sera une preuve de mon amour"

"میری موت میری محبت کا ثبوت ہو گی "

« Non, ma sœur », dirent ses trois frères

"نہیں بہن، "اس کے تین بھائیوں نے کہا

"cela ne sera pas"

"ایسا نہیں ہوگا "

"nous allons chercher le monstre"

"ہم عفریت کو ڈھونڈیں گے "

"et soit on le tue..."

"اور یا تو ہم اسے مار ڈالیں گے "...

« ... ou nous périrons dans cette tentative »

''یا ہم کوشش میں ہلاک ہو جائیں گے ''

« N'imaginez rien de tel, mes fils », dit le marchand.

''بیٹو، ایسی کسی چیز کا تصور نہ کرو، ''سوداگر نے کہا

"La puissance de la bête est si grande que je n'ai aucun espoir que tu puisses la vaincre"

"حیوان کی طاقت اتنی عظیم ہے کہ مجھے امید نہیں ہے کہ آپ اس پر قابو پا سکتے ہیں "

« Je suis charmé par l'offre aimable et généreuse de Belle »

"میں خوبصورتی کی مہربان اور فراخ پیشکش سے متاثر ہوں "

"mais je ne peux pas accepter sa générosité"

"لیکن میں اس کی سخاوت کو قبول نہیں کر سکتا "

« Je suis vieux et je n'ai plus beaucoup de temps à vivre »

"میں بوڑھا ہو گیا ہوں، اور میرے پاس زیادہ جینے کی ضرورت نہیں ہے "

"Je ne peux donc perdre que quelques années"

"لہذا میں صرف چند سال کھو سکتا ہوں "

"un temps que je regrette pour vous, mes chers enfants"

"وہ وقت جس کا مجھے آپ کے لیے افسوس ہے، میرے پیارے بچو "

« Mais père », dit Belle

"لیکن ابا، "خوبصورتی نے کہا

"tu n'iras pas au palais sans moi"

"تم میرے بغیر محل نہیں جاو گے "

"tu ne peux pas m'empêcher de te suivre"

"آپ مجھے اپنے پیچھے چلنے سے نہیں روک سکتے "

rien ne pourrait convaincre Belle autrement
کچھ بھی دوسری صورت میں خوبصورتی کو قائل نہیں کر سکتا
elle a insisté pour aller au beau palais
اس نے عمدہ محل جانے پر اصرار کیا۔
et ses sœurs étaient ravies de son insistance
اور اس کی بہنیں اس کے اصرار پر خوش ہوئیں
Le marchand était inquiet à l'idée de perdre sa fille
سوداگر اپنی بیٹی کو کھونے کا سوچ کر پریشان تھا۔
il était tellement inquiet qu'il avait oublié le coffre rempli d'or
وہ اتنا پریشان تھا کہ سونے سے بھرے سینے کو بھول گیا تھا۔
la nuit, il se retirait pour se reposer et fermait la porte de sa chambre
رات کو وہ آرام کرنے کے لیے ریٹائر ہوا، اور اس نے اپنے کمرے کا دروازہ بند کر دیا۔
puis, à sa grande surprise, il trouva le trésor à côté de son lit
پھر، اس کی بڑی حیرانی، اس نے خزانہ اپنے پلنگ کے پاس پایا
il était déterminé à ne rien dire à ses enfants
اس نے اپنے بچوں کو نہ بتانے کا تہیہ کر رکھا تھا۔
s'ils savaient, ils auraient voulu retourner en ville
اگر وہ جانتے تو وہ شہر واپس جانا چاہتے
et il était résolu à ne pas quitter la campagne
اور اس نے دیہی علاقوں کو نہ چھوڑنے کا عزم کیا۔
mais il confia le secret à Belle
لیکن اس نے راز کے ساتھ خوبصورتی پر بھروسہ کیا۔
elle l'informa que deux messieurs étaient venus
اس نے اسے اطلاع دی کہ دو حضرات آئے ہیں۔
et ils ont fait des propositions à ses sœurs
اور انہوں نے اس کی بہنوں کو تجویز پیش کی۔
elle a supplié son père de consentir à leur mariage
اس نے اپنے والد سے ان کی شادی کے لیے رضامندی کی درخواست کی۔
et elle lui a demandé de leur donner une partie de sa fortune
اور اس نے اس سے کہا کہ وہ انہیں اپنی خوش قسمتی میں سے کچھ دے دے۔

elle leur avait déjà pardonné

وہ انہیں پہلے ہی معاف کر چکی تھی۔

les méchantes créatures se frottaient les yeux avec des oignons

شریروں نے اپنی آنکھیں پیاز سے رگڑیں۔

pour forcer quelques larmes quand ils se sont séparés de leur sœur

جب وہ اپنی بہن سے جدا ہوئے تو کچھ آنسو بہانے کے لیے

mais ses frères étaient vraiment inquiets

لیکن اس کے بھائی واقعی فکر مند تھے۔

Belle était la seule à ne pas verser de larmes

خوبصورتی صرف وہی تھی جس نے کوئی آنسو نہیں بہایا

elle ne voulait pas augmenter leur malaise

وہ ان کی بے چینی میں اضافہ نہیں کرنا چاہتی تھی۔

le cheval a pris la route directe vers le palais

گھوڑے نے محل کی سیدھی سڑک لی

et vers le soir ils virent le palais illuminé

اور شام کو انہوں نے روشن محل دیکھا

le cheval est rentré à l'écurie

گھوڑے نے خود کو دوبارہ اصطبل میں لے لیا۔

et le bon homme et sa fille entrèrent dans la grande salle

اور نیک آدمی اور اس کی بیٹی عظیم ہال میں چلے گئے۔

ici ils ont trouvé une table magnifiquement dressée

یہاں انہیں ایک میز شاندار طریقے سے پیش کی گئی ہے۔

le marchand n'avait pas d'appétit pour manger

سوداگر کو کھانے کی بھوک نہیں تھی۔

mais Belle s'efforçait de paraître joyeuse

لیکن خوبصورتی نے خوش نظر آنے کی کوشش کی۔

elle s'est assise à table et a aidé son père

وہ میز پر بیٹھ گئی اور اپنے باپ کی مدد کی۔

mais elle pensait aussi :

لیکن اس نے خود سے بھی سوچا :

"La bête veut sûrement m'engraisser avant de me manger"

"درندہ ضرور مجھے کھانے سے پہلے موٹا کرنا چاہتا ہے "

"c'est pourquoi il offre autant de divertissement"

"اسی لیے وہ اتنی بھرپور تفریح فراہم کرتا ہے "

après avoir mangé, ils entendirent un grand bruit

کھانے کے بعد انہوں نے ایک بڑا شور سنا
et le marchand fit ses adieux à son malheureux enfant, les larmes aux yeux
اور تاجر نے آنکھوں میں آنسو لیے اپنے بدقسمت بچے کو الوداع کیا۔
parce qu'il savait que la bête allait venir
کیونکہ وہ جانتا تھا کہ حیوان آنے والا ہے۔
Belle était terrifiée par sa forme horrible
خوبصورتی اس کی بھیانک شکل سے گھبرا گئی تھی۔
mais elle a pris courage du mieux qu'elle a pu
لیکن وہ جتنی ہمت کر سکتی تھی۔
et le monstre lui a demandé si elle était venue volontairement
اور عفریت نے اس سے پوچھا کہ کیا وہ اپنی مرضی سے آئی ہے؟
"Oui, je suis venue volontiers", dit-elle en tremblant
"ہاں، میں اپنی مرضی سے آئی ہوں۔ "وہ کانپتے ہوئے بولی۔
la bête répondit : « Tu es très bon »
جانور نے جواب دیا" تم بہت اچھے ہو "
"et je vous suis très reconnaissant, honnête homme"
"اور میں آپ کا بہت پابند ہوں؛ ایماندار آدمی "
« Allez-y demain matin »
"کل صبح اپنے راستے پر جاؤ "
"mais ne pense plus jamais à revenir ici"
"لیکن پھر کبھی یہاں آنے کا نہ سوچنا "
« Adieu Belle, adieu bête », répondit-il
"الوداعی خوبصورتی، الوداعی جانور، "اس نے جواب دیا۔
et immédiatement le monstre s'est retiré
اور عفریت فوراً پیچھے ہٹ گیا۔
« Oh, ma fille », dit le marchand
''اوہ بیٹی، ''سوداگر نے کہا
et il embrassa sa fille une fois de plus
اور اس نے ایک بار پھر اپنی بیٹی کو گلے لگایا
« Je suis presque mort de peur »
"میں موت سے تقریباً خوفزدہ ہوں "
"crois-moi, tu ferais mieux de rentrer"
"مجھ پر یقین کرو، آپ کو واپس جانا بہتر تھا "
"Laisse-moi rester ici, à ta place"

"آپ کی بجائے مجھے یہیں رہنے دو "
« Non, père », dit Belle d'un ton résolu.
"نہیں ابا، "خوبصورتی نے پر عزم لہجے میں کہا
"tu partiras demain matin"
"آپ کل صبح روانہ ہو جائیں گے "
« Laissez-moi aux soins et à la protection de la Providence »
"مجھے پروویڈنس کی دیکھ بھال اور تحفظ پر چھوڑ دو "
néanmoins ils sont allés se coucher
اس کے باوجود وہ بستر پر چلے گئے
ils pensaient qu'ils ne fermeraient pas les yeux de la nuit
ان کا خیال تھا کہ وہ ساری رات آنکھیں بند نہیں کریں گے۔
mais juste au moment où ils se couchaient, ils s'endormirent
لیکن جیسے ہی وہ لیٹ گئے وہ سو گئے۔
La belle rêva qu'une belle dame venait et lui disait :
خوبصورتی نے خواب میں دیکھا کہ ایک حسین عورت آئی اور اس سے کہنے لگی:
« Je suis content, Belle, de ta bonne volonté »
"میں مطمئن ہوں، خوبصورتی، آپ کی مرضی سے "
« Cette bonne action de votre part ne restera pas sans récompense »
"تمہارا یہ نیک عمل بے نتیجہ نہیں جائے گا "
Belle s'est réveillée et a raconté son rêve à son père
خوبصورتی بیدار ہوئی اور اپنے والد کو اپنا خواب سنایا
le rêve l'a aidé à se réconforter un peu
خواب نے اسے تھوڑا سا تسلی دینے میں مدد کی۔
mais il ne pouvait s'empêcher de pleurer amèrement en partant
لیکن جب وہ جا رہا تھا تو وہ بلک بلک کر رونے میں مدد نہیں کر سکا
Dès qu'il fut parti, Belle s'assit dans la grande salle et pleura aussi
جیسے ہی وہ چلا گیا، خوبصورتی بھی بڑے ہال میں بیٹھ گئی اور رونے لگی
mais elle résolut de ne pas s'inquiéter
لیکن اس نے پریشان نہ ہونے کا عزم کیا۔
elle a décidé d'être forte pour le peu de temps qui lui restait à vivre

اس نے اس تھوڑے وقت کے لیے مضبوط ہونے کا فیصلہ کیا جو اس نے جینے کے لیے چھوڑا تھا۔

parce qu'elle croyait fermement que la bête la mangerait

کیونکہ اسے پختہ یقین تھا کہ درندہ اسے کھا جائے گا۔

Cependant, elle pensait qu'elle pourrait aussi bien explorer le palais

تاہم، اس نے سوچا کہ وہ محل کو بھی تلاش کر سکتی ہے۔

et elle voulait voir le beau château

اور وہ عمدہ قلعہ دیکھنا چاہتی تھی۔

un château qu'elle ne pouvait s'empêcher d'admirer

ایک محل جس کی تعریف کرنے میں وہ مدد نہیں کر سکتی تھی۔

c'était un palais délicieusement agréable

یہ ایک خوشگوار خوشگوار محل تھا۔

et elle fut extrêmement surprise de voir une porte

اور وہ ایک دروازہ دیکھ کر بہت حیران ہوئی۔

et sur la porte il était écrit que c'était sa chambre

اور دروازے پر لکھا تھا کہ یہ اس کا کمرہ ہے۔

elle a ouvert la porte à la hâte

اس نے جلدی سے دروازہ کھولا۔

et elle était tout à fait éblouie par la magnificence de la pièce

اور وہ کمرے کی شان و شوکت سے کافی حیران تھی۔

ce qui a principalement retenu son attention était une grande bibliothèque

جس چیز نے بنیادی طور پر اس کی توجہ حاصل کی وہ ایک بڑی لائبریری تھی۔

un clavecin et plusieurs livres de musique

ایک ہارپسیکورڈ اور موسیقی کی کئی کتابیں۔

« Eh bien, » se dit-elle

"اچھا "اس نے اپنے آپ سے کہا

« Je vois que la bête ne laissera pas mon temps peser sur moi »

"میں دیکھ رہا ہوں کہ درندہ میرا وقت بھاری نہیں ہونے دے گا "

puis elle réfléchit à sa situation

پھر اس نے اپنی صورت حال کے بارے میں سوچا۔

« Si je devais rester un jour, tout cela ne serait pas là »

"اگر میں ایک دن ٹھہرنا چاہتا تو یہ سب یہاں نہ ہوتا "

cette considération lui inspira un courage nouveau

اس غور و فکر نے اسے تازہ ہمت سے متاثر کیا۔

et elle a pris un livre de sa nouvelle bibliothèque

اور اس نے اپنی نئی لائبریری سے ایک کتاب لی

et elle lut ces mots en lettres d'or :

اور اس نے یہ الفاظ سنہری حروف میں پڑھے :

« Accueillez Belle, bannissez la peur »

"خوبصورتی کو خوش آمدید، خوف کو دور کریں "

« Vous êtes reine et maîtresse ici »

"آپ یہاں ملکہ اور مالکن ہیں "

« Exprimez vos souhaits, exprimez votre volonté »

"اپنی مرضی بولو، اپنی مرضی بولو "

« L'obéissance rapide répond ici à vos souhaits »

"تیز فرمانبرداری یہاں آپ کی خواہشات کو پورا کرتی ہے "

« Hélas, dit-elle avec un soupir

"افسوس "اس نے ایک آہ بھرتے ہوئے کہا

« Ce que je souhaite par-dessus tout, c'est revoir mon pauvre père. »

"سب سے زیادہ میں اپنے غریب والد کو دیکھنا چاہتا ہوں "

"et j'aimerais savoir ce qu'il fait"

"اور میں جاننا چاہوں گا کہ وہ کیا کر رہا ہے "

Dès qu'elle eut dit cela, elle remarqua le miroir

یہ کہتے ہی اس کی نظر آئینے پر پڑی۔

à sa grande surprise, elle vit sa propre maison dans le miroir

حیرت سے اس نے آئینے میں اپنا گھر دیکھا

son père est arrivé émotionnellement épuisé

اس کے والد جذباتی طور پر تھکے ہوئے پہنچے

ses sœurs sont allées à sa rencontre

اس کی بہنیں اس سے ملنے گئیں۔

malgré leurs tentatives de paraître tristes, leur joie était visible

غمگین ظاہر ہونے کی کوشش کے باوجود ان کی خوشی نظر آ رہی تھی۔

un instant plus tard, tout a disparu

ایک لمحے کے بعد سب کچھ غائب ہو گیا

et les appréhensions de Belle ont également disparu

اور خوبصورتی کے خدشات بھی ختم ہو گئے۔
car elle savait qu'elle pouvait faire confiance à la bête
کیونکہ وہ جانتی تھی کہ وہ اس جانور پر بھروسہ کر سکتی ہے۔
À midi, elle trouva le dîner prêt
دوپہر کو اسے رات کا کھانا تیار پایا
elle s'est assise à la table
وہ خود میز پر بیٹھ گیا
et elle a été divertie avec un concert de musique
اور وہ موسیقی کے کنسرٹ سے محظوظ ہوئی تھی۔
même si elle ne pouvait voir personne
حالانکہ وہ کسی کو نہیں دیکھ سکتی تھی۔
le soir, elle s'est à nouveau assise pour dîner
رات کو وہ دوبارہ کھانے کے لیے بیٹھ گئی
cette fois elle entendit le bruit que faisait la bête
اس بار اس نے جانور کی آواز سنی
et elle ne pouvait s'empêcher d'être terrifiée
اور وہ خوفزدہ ہو کر مدد نہیں کر سکتی تھی۔
"Belle", dit le monstre
"خوبصورتی، "عفریت نے کہا
"est-ce que tu me permets de manger avec toi ?"
"کیا تم مجھے اپنے ساتھ کھانے کی اجازت دیتے ہو؟ "
« Fais comme tu veux », répondit Belle en tremblant
"جو مرضی کرو "خوبصورتی نے کانپتے ہوئے جواب دیا۔
"Non", répondit la bête
"نہیں، "جانور نے جواب دیا۔
"tu es seule la maîtresse ici"
"یہاں تم اکیلی مالکن ہو "
"tu peux me renvoyer si je suis gênant"
"اگر میں پریشان ہوں تو آپ مجھے بھیج سکتے ہیں "
« renvoyez-moi et je me retirerai immédiatement »
"مجھے بھیج دو میں فوراً واپس چلا جاؤں گا "
« Mais dis-moi, ne me trouves-tu pas très laide ? »
"لیکن، بتاؤ، کیا تمہیں نہیں لگتا کہ میں بہت بدصورت ہوں؟ "
"C'est vrai", dit Belle
''یہ سچ ہے، ''خوبصورتی نے کہا
« Je ne peux pas mentir »

"میں جھوٹ نہیں بول سکتا "
"mais je crois que tu es de très bonne nature"
"لیکن مجھے یقین ہے کہ تم بہت اچھی طبیعت کے ہو "
« Je le suis en effet », dit le monstre
"میں واقعی ہوں، "عفریت نے کہا
« Mais à part ma laideur, je n'ai pas non plus de bon sens »
"لیکن میری بدصورتی کے علاوہ مجھے کوئی عقل بھی نہیں ہے "
« Je sais très bien que je suis une créature stupide »
"میں اچھی طرح جانتا ہوں کہ میں ایک پاگل مخلوق ہوں "
« Ce n'est pas un signe de folie de penser ainsi », répondit Belle.
''ایسا سوچنا حماقت کی علامت نہیں ہے، ''خوبصورتی نے جواب دیا۔
« Mange donc, belle », dit le monstre
"پھر کھاؤ، خوبصورتی، "عفریت نے کہا
« essaie de t'amuser dans ton palais »
"اپنے محل میں اپنے آپ کو تفریح کرنے کی کوشش کریں "
"tout ici est à toi"
"یہاں سب کچھ تمہارا ہے "
"et je serais très mal à l'aise si tu n'étais pas heureux"
"اور اگر آپ خوش نہ ہوں تو میں بہت پریشان ہوں گا "
« Vous êtes très obligeant », répondit Belle
خوبصورتی نے جواب دیا" آپ بہت پابند ہیں "
« J'avoue que je suis heureux de votre gentillesse »
"میں تسلیم کرتا ہوں کہ میں آپ کی مہربانی سے خوش ہوں "
« et quand je considère votre gentillesse, je remarque à peine vos difformités »
"اور جب میں آپ کی مہربانیوں پر غور کرتا ہوں تو مجھے آپ کی خرابیوں پر نظر نہیں آتی "
« Oui, oui, dit la bête, mon cœur est bon.
ہاں، ہاں، "جانور نے کہا،" میرا دل اچھا ہے۔
"mais même si je suis bon, je suis toujours un monstre"
"لیکن اگرچہ میں اچھا ہوں، میں اب بھی ایک عفریت ہوں "
« Il y a beaucoup d'hommes qui méritent ce nom plus que toi »
"بہت سے مرد ہیں جو اس نام کے تم سے زیادہ مستحق ہیں "
"et je te préfère tel que tu es"

"اور میں تمہیں ویسے ہی ترجیح دیتا ہوں جیسے تم ہو"
"et je te préfère à ceux qui cachent un cœur ingrat"
"اور میں تمہیں ناشکرے دل کو چھپانے والوں سے زیادہ پسند کرتا ہوں"

"Si seulement j'avais un peu de bon sens", répondit la bête
"کاش میں کچھ سمجھ پاتا" جانور نے جواب دیا۔

"Si j'avais du bon sens, je vous ferais un beau compliment pour vous remercier"
"اگر مجھے احساس ہوتا تو میں آپ کا شکریہ ادا کرنے کے لیے اچھی تعریف کروں گا"

"mais je suis si ennuyeux"
"لیکن میں بہت بیوقوف ہوں"

« Je peux seulement dire que je vous suis très reconnaissant »
"میں صرف اتنا کہہ سکتا ہوں کہ میں آپ کا بہت پابند ہوں"

Belle a mangé un copieux souper
خوبصورتی نے ایک دلکش رات کا کھانا کھایا

et elle avait presque vaincu sa peur du monstre
اور اس نے عفریت سے اپنے خوف پر تقریباً فتح حاصل کر لی تھی۔

mais elle a voulu s'évanouir lorsque la bête lui a posé la question suivante
لیکن وہ بیہوش ہو جانا چاہتی تھی جب درندے نے اس سے اگلا سوال پوچھا

"Belle, veux-tu être ma femme ?"
"خوبصورتی، کیا تم میری بیوی بنو گی؟"

elle a mis du temps avant de pouvoir répondre
اس نے کچھ وقت لیا اس سے پہلے کہ وہ جواب دے سکے۔

parce qu'elle avait peur de le mettre en colère
کیونکہ وہ اسے ناراض کرنے سے ڈرتی تھی۔

Mais finalement elle dit "non, bête"
تاہم، آخر میں، اس نے کہا "نہیں، جانور"

immédiatement le pauvre monstre siffla très effroyablement
فوراً ہی غریب عفریت نے بہت خوفناک انداز میں کہا

et tout le palais résonna
اور پورا محل گونج اٹھا

mais Belle se remit bientôt de sa frayeur

لیکن خوبصورتی جلد ہی اس کے خوف سے نکل گئی۔
parce que la bête parla encore d'une voix lugubre
کیونکہ جانور نے ایک بار پھر ماتمی آواز میں کہا
"Alors adieu, Belle"
"پھر الوداع، خوبصورتی"
et il ne se retournait que de temps en temps
اور وہ صرف اب اور پھر واپس مڑ گیا۔
de la regarder alors qu'il sortait
جب وہ باہر گیا تو اسے دیکھنے کے لیے
maintenant Belle était à nouveau seule
اب خوبصورتی پھر اکیلی تھی۔
elle ressentait beaucoup de compassion
اس نے بہت ہمدردی محسوس کی۔
"Hélas, c'est mille fois dommage"
"افسوس، یہ ہزار افسوس ہے"
"tout ce qui est si bon ne devrait pas être si laid"
"کوئی بھی چیز اتنی اچھی طبیعت کی اتنی بدصورت نہیں ہونی چاہیے"
Belle a passé trois mois très heureuse dans le palais
خوبصورتی نے محل میں تین مہینے بہت اطمینان سے گزارے۔
chaque soir la bête lui rendait visite
ہر شام حیوان اسے ملنے جاتا تھا۔
et ils ont parlé pendant le dîner
اور وہ رات کے کھانے کے دوران بات کرتے تھے۔
ils ont parlé avec bon sens
انہوں نے عقل سے بات کی۔
mais ils ne parlaient pas avec ce que les gens appellent de l'esprit
لیکن انہوں نے اس کے ساتھ بات نہیں کی جسے لوگ گواہی کہتے ہیں۔
Belle a toujours découvert un caractère précieux dans la bête
خوبصورتی نے ہمیشہ حیوان میں کچھ قیمتی کردار تلاش کیا۔
et elle s'était habituée à sa difformité
اور وہ اس کی خرابی کی عادی ہو چکی تھی۔
elle ne redoutait plus le moment de sa visite
وہ اب اس کے دورے کے وقت سے خوفزدہ نہیں تھی۔
maintenant elle regardait souvent sa montre
اب وہ اکثر اپنی گھڑی کو دیکھتی تھی۔

et elle ne pouvait pas attendre qu'il soit neuf heures

اور وہ نو بجنے کا انتظار نہیں کر سکتی تھی۔

car la bête ne manquait jamais de venir à cette heure-là

کیونکہ حیوان نے کبھی بھی اس وقت آنا نہیں چھوڑا تھا۔

il n'y avait qu'une seule chose qui concernait Belle

صرف ایک چیز تھی جو خوبصورتی سے متعلق تھی۔

chaque soir avant d'aller au lit, la bête lui posait la même question

ہر رات سونے سے پہلے درندے نے اس سے یہی سوال کیا۔

le monstre lui a demandé si elle voulait être sa femme

عفریت نے اس سے پوچھا کہ کیا وہ اس کی بیوی ہوگی؟

un jour elle lui dit : "bête, tu me mets très mal à l'aise"

ایک دن اس نے اس سے کہا،" جانور، تم مجھے بہت پریشان کرتے ہو "

« J'aimerais pouvoir consentir à t'épouser »

"کاش میں تم سے شادی کے لیے راضی ہو جاؤں "

"mais je suis trop sincère pour te faire croire que je t'épouserais"

"لیکن میں آپ کو یقین دلانے کے لیے بہت مخلص ہوں کہ میں آپ سے شادی کروں گا "

"Notre mariage n'aura jamais lieu"

"ہماری شادی کبھی نہیں ہوگی "

« Je te verrai toujours comme un ami »

"میں تمہیں ہمیشہ ایک دوست کے طور پر دیکھوں گا "

"S'il vous plaît, essayez d'être satisfait de cela"

"براہ کرم اس سے مطمئن ہونے کی کوشش کریں "

« Je dois me contenter de cela », dit la bête

"مجھے اس سے مطمئن ہونا چاہیے، "جانور نے کہا

« Je connais mon propre malheur »

"میں اپنی بدقسمتی جانتا ہوں "

"mais je t'aime avec la plus tendre affection"

"لیکن میں تم سے سب سے زیادہ پیار سے پیار کرتا ہوں "

« Cependant, je devrais me considérer comme heureux »

"تاہم، مجھے خود کو خوش سمجھنا چاہیے "

"et je serais heureux que tu restes ici"

"اور مجھے خوش ہونا چاہیے کہ تم یہیں رہو گے۔ "

"promets-moi de ne jamais me quitter"

"مجھ سے وعدہ کرو کہ مجھے کبھی نہیں چھوڑوں گا "

Belle rougit à ces mots

خوبصورتی ان الفاظ پر شرما گئی۔

Un jour, Belle se regardait dans son miroir

ایک دن خوبصورتی اپنے آئینے میں دیکھ رہی تھی۔

son père s'était inquiété à mort pour elle

اس کے والد نے اس کے لیے خود کو بیمار کرنے کی فکر کی تھی۔

elle avait plus que jamais envie de le revoir

وہ اسے پہلے سے کہیں زیادہ دوبارہ دیکھنے کی خواہش رکھتی تھی۔

« Je pourrais te promettre de ne jamais te quitter complètement »

"میں وعدہ کر سکتا ہوں کہ آپ کو کبھی نہیں چھوڑوں گا "

"mais j'ai tellement envie de voir mon père"

"لیکن مجھے اپنے والد سے ملنے کی بہت خواہش ہے "

« Je serais terriblement contrarié si tu disais non »

"اگر آپ نہیں کہتے تو میں ناممکن طور پر پریشان ہو جاؤں گا "

« Je préfère mourir moi-même », dit le monstre

عفریت نے کہا،'' میں خود مرنا چاہتا تھا۔

« Je préférerais mourir plutôt que de te mettre mal à l'aise »

"میں تمہیں بے چینی محسوس کرنے کے بجائے مرنا پسند کروں گا "

« Je t'enverrai vers ton père »

"میں تمہیں تمہارے باپ کے پاس بھیج دوں گا "

"tu resteras avec lui"

"تم اس کے ساتھ رہو گے "

"et cette malheureuse bête mourra de chagrin à la place"

"اور یہ بدقسمت درندہ اس کے بجائے غم سے مر جائے گا "

« Non », dit Belle en pleurant

"نہیں "خوبصورتی نے روتے ہوئے کہا

"Je t'aime trop pour être la cause de ta mort"

"میں تم سے اتنی محبت کرتا ہوں کہ تمہاری موت کا سبب بنوں "

"Je te promets de revenir dans une semaine"

"میں تمہیں ایک ہفتے میں واپس آنے کا وعدہ کرتا ہوں "

« Tu m'as montré que mes sœurs sont mariées »

"تم نے مجھے دکھایا کہ میری بہنیں شادی شدہ ہیں "

« et mes frères sont partis à l'armée »

"اور میرے بھائی فوج میں گئے ہیں "

« laisse-moi rester une semaine avec mon père, car il est seul »

"مجھے اپنے والد کے ساتھ ایک ہفتہ رہنے دو، کیونکہ وہ اکیلے ہیں "

« Tu seras là demain matin », dit la bête

"تم کل صبح وہاں ہو، "جانور نے کہا

"mais souviens-toi de ta promesse"

"لیکن اپنا وعدہ یاد رکھنا "

« Il vous suffit de poser votre bague sur une table avant d'aller vous coucher »

"آپ کو سونے سے پہلے صرف اپنی انگوٹھی میز پر رکھنا ہے "

"et alors tu seras ramené avant le matin"

"اور پھر تمہیں صبح سے پہلے واپس لایا جائے گا "

« Adieu chère Belle », soupira la bête

"الوداعی پیاری خوبصورتی، "جانور نے آہ بھری۔

Belle s'est couchée très triste cette nuit-là

خوبصورتی اس رات بہت اداس بستر پر چلی گئی۔

parce qu'elle ne voulait pas voir la bête si inquiète

کیونکہ وہ جانور کو اتنا پریشان نہیں دیکھنا چاہتی تھی۔

le lendemain matin, elle se retrouva chez son père

اگلی صبح اس نے خود کو اپنے والد کے گھر پایا

elle a sonné une petite cloche à côté de son lit

اس نے اپنے پلنگ کے پاس ایک چھوٹی گھنٹی بجائی

et la servante poussa un grand cri

اور نوکرانی نے ایک زوردار چیخ ماری۔

et son père a couru à l'étage

اور اس کا باپ اوپر بھاگا۔

il pensait qu'il allait mourir de joie

اس نے سوچا کہ وہ خوشی سے مرنے والا ہے۔

il l'a tenue dans ses bras pendant un quart d'heure

اس نے چوتھائی گھنٹے تک اسے اپنی بانہوں میں پکڑے رکھا

Finalement, les premières salutations étaient terminées

آخرکار پہلا سلام ختم ہوا۔

Belle a commencé à penser à sortir du lit

خوبصورتی بستر سے اٹھنے کا سوچنے لگی

mais elle s'est rendu compte qu'elle n'avait apporté aucun vêtement

لیکن اسے احساس ہوا کہ وہ کپڑے نہیں لائی تھی۔
mais la servante lui a dit qu'elle avait trouvé une boîte
لیکن نوکرانی نے اسے بتایا کہ اسے ایک ڈبہ ملا ہے۔
le grand coffre était plein de robes et de robes
بڑا ٹرنک گاؤن اور لباس سے بھرا ہوا تھا۔
chaque robe était couverte d'or et de diamants
ہر گاؤن سونے اور ہیروں سے ڈھکا ہوا تھا۔
La Belle a remercié la Bête pour ses bons soins
خوبصورتی نے اپنی قسم کی دیکھ بھال کے لئے جانور کا شکریہ ادا کیا۔
et elle a pris l'une des robes les plus simples
اور اس نے سادہ ترین لباس میں سے ایک لے لیا۔
elle avait l'intention de donner les autres robes à ses sœurs
اس نے دوسرے کپڑے اپنی بہنوں کو دینے کا ارادہ کیا۔
mais à cette pensée le coffre de vêtements disparut
لیکن یہ سوچتے ہی کپڑوں کا سینہ غائب ہو گیا۔
la bête avait insisté sur le fait que les vêtements étaient pour elle seulement
جانور نے اصرار کیا تھا کہ کپڑے صرف اس کے لیے ہیں۔
son père lui a dit que c'était le cas
اس کے والد نے اسے بتایا کہ یہ معاملہ تھا۔
et aussitôt le coffre de vêtements est revenu
اور فوراً ہی کپڑوں کا ٹرنک دوبارہ واپس آ گیا۔
Belle s'est habillée avec ses nouveaux vêtements
خوبصورتی نے خود کو اپنے نئے کپڑوں سے سجایا
et pendant ce temps les servantes allèrent chercher ses sœurs
اور اس دوران لونڈیاں اپنی بہنوں کو ڈھونڈنے چلی گئیں۔
ses deux sœurs étaient avec leurs maris
اس کی دونوں بہنیں اپنے شوہروں کے ساتھ تھیں۔
mais ses deux sœurs étaient très malheureuses
لیکن اس کی دونوں بہنیں بہت ناخوش تھیں۔
sa sœur aînée avait épousé un très beau gentleman
اس کی سب سے بڑی بہن نے ایک بہت ہی خوبصورت شریف آدمی سے شادی کی تھی۔
mais il était tellement amoureux de lui-même qu'il négligeait sa femme

لیکن وہ اپنے آپ کو اتنا پسند کرتا تھا کہ اس نے اپنی بیوی کو نظرانداز کیا۔

sa deuxième sœur avait épousé un homme spirituel
اس کی دوسری بہن نے ایک ذہین آدمی سے شادی کی تھی۔

mais il a utilisé son esprit pour tourmenter les gens
لیکن اس نے لوگوں کو اذیت دینے کے لیے اپنی گواہی کا استعمال کیا۔

et il tourmentait surtout sa femme
اور اس نے اپنی بیوی کو سب سے زیادہ اذیت دی۔

Les sœurs de Belle l'ont vue habillée comme une princesse
خوبصورتی کی بہنوں نے اسے شہزادی کی طرح ملبوس دیکھا

et ils furent écœurés d'envie
اور وہ حسد سے بیمار تھے۔

maintenant elle était plus belle que jamais
اب وہ پہلے سے زیادہ خوبصورت تھی۔

son comportement affectueux n'a pas pu étouffer leur jalousie
اس کا پیار بھرا رویہ ان کے حسد کو ختم نہ کر سکا

elle leur a dit combien elle était heureuse avec la bête
اس نے انہیں بتایا کہ وہ اس جانور سے کتنی خوش ہے۔

et leur jalousie était prête à éclater
اور ان کی حسد پھٹنے کو تیار تھی۔

Ils descendirent dans le jardin pour pleurer leur malheur
وہ اپنی بدقسمتی پر رونے کے لیے باغ میں اتر گئے۔

« En quoi cette petite créature est-elle meilleure que nous ? »
"یہ چھوٹی مخلوق ہم سے کس لحاظ سے بہتر ہے؟"

« Pourquoi devrait-elle être tellement plus heureuse ? »
"وہ اتنی زیادہ خوش کیوں ہو؟"

« Sœur », dit la sœur aînée
"بہن،" بڑی بہن نے کہا

"une pensée vient de me traverser l'esprit"
"میرے دماغ میں ابھی ایک خیال آیا"

« Essayons de la garder ici plus d'une semaine »
"آئیے اسے ایک ہفتے سے زیادہ یہاں رکھنے کی کوشش کریں"

"Peut-être que cela fera enrager ce monstre idiot"
"شاید یہ پاگل عفریت کو مشتعل کرے گا"

« parce qu'elle aurait manqué à sa parole »

"کیونکہ اس نے اپنا لفظ توڑ دیا ہوگا"
"et alors il pourrait la dévorer"
"اور پھر وہ اسے کھا سکتا ہے"
"C'est une excellente idée", répondit l'autre sœur
"یہ بہت اچھا خیال ہے، "دوسری بہن نے جواب دیا۔
« Nous devons lui montrer autant de gentillesse que possible »
"ہمیں اس سے زیادہ سے زیادہ مہربانی کا مظاہرہ کرنا چاہیے"
les sœurs en ont fait leur résolution
بہنوں نے اس کو اپنا قرار دیا۔
et ils se sont comportés très affectueusement envers leur sœur
اور وہ اپنی بہن کے ساتھ بہت پیار سے پیش آئے
pauvre Belle pleurait de joie à cause de toute leur gentillesse
غریب خوبصورتی اپنی تمام مہربانیوں سے خوشی کے لیے رو پڑی۔
quand la semaine fut expirée, ils pleurèrent et s'arrachèrent les cheveux
جب ہفتہ ختم ہو گیا تو وہ روئے اور اپنے بال پھاڑ ڈالے۔
ils semblaient si désolés de se séparer d'elle
وہ اس کے ساتھ الگ ہونے کے لئے بہت افسوسناک لگ رہے تھے
et Belle a promis de rester une semaine de plus
اور خوبصورتی نے ایک ہفتہ مزید رہنے کا وعدہ کیا۔
Pendant ce temps, Belle ne pouvait s'empêcher de réfléchir sur elle-même
اس دوران، خوبصورتی خود پر غور کرنے میں مدد نہیں کر سکی
elle s'inquiétait de ce qu'elle faisait à la pauvre bête
وہ پریشان تھی کہ وہ غریب جانور کے ساتھ کیا کر رہی ہے۔
elle sait qu'elle l'aimait sincèrement
وہ جانتی ہے کہ وہ اس سے سچے دل سے پیار کرتی تھی۔
et elle avait vraiment envie de le revoir
اور وہ واقعی میں اسے دوبارہ دیکھنے کی خواہشمند تھی۔
la dixième nuit qu'elle a passée chez son père aussi
دسویں رات اس نے اپنے والد کے پاس بھی گزاری۔
elle a rêvé qu'elle était dans le jardin du palais
اس نے خواب میں دیکھا کہ وہ محل کے باغ میں ہے۔
et elle rêva qu'elle voyait la bête étendue sur l'herbe

اور اس نے خواب میں دیکھا کہ اس جانور کو گھاس پر پھیلا ہوا ہے۔
il semblait lui faire des reproches d'une voix mourante
وہ مرتی ہوئی آواز میں اسے ملامت کرتا دکھائی دیا۔
et il l'accusa d'ingratitude
اور اس نے اس پر ناشکری کا الزام لگایا
Belle s'est réveillée de son sommeil
خوبصورتی نیند سے بیدار ہو گئی۔
et elle a fondu en larmes
اور وہ رو پڑی۔
« Ne suis-je pas très méchant ? »
"کیا میں بہت برا نہیں ہوں؟ "
« N'était-ce pas cruel de ma part d'agir si méchamment envers la bête ? »
"کیا یہ مجھ پر ظلم نہیں تھا کہ میں اس درندے کے ساتھ اس قدر بے رحمی سے پیش آؤں؟ "
"la bête a tout fait pour me faire plaisir"
"حیوان نے مجھے خوش کرنے کے لیے سب کچھ کیا "
« Est-ce sa faute s'il est si laid ? »
"کیا اس کا قصور ہے کہ وہ اتنا بدصورت ہے؟ "
« Est-ce sa faute s'il a si peu d'esprit ? »
"کیا اس کا قصور یہ ہے کہ اس کی عقل اتنی کم ہے؟ "
« Il est gentil et bon, et cela suffit »
"وہ مہربان اور اچھا ہے اور یہی کافی ہے "
« Pourquoi ai-je refusé de l'épouser ? »
"میں نے اس سے شادی سے انکار کیوں کیا؟ "
« Je devrais être heureux avec le monstre »
"مجھے راکشس سے خوش ہونا چاہئے "
« regarde les maris de mes sœurs »
"میری بہنوں کے شوہروں کو دیکھو "
« Ni l'esprit, ni la beauté ne les rendent bons »
"نہ گواہی اور نہ ہی خوبصورت ہونا انہیں اچھا بناتا ہے "
« aucun de leurs maris ne les rend heureuses »
"ان کے شوہروں میں سے کوئی بھی انہیں خوش نہیں کرتا "
« mais la vertu, la douceur de caractère et la patience »
"لیکن نیکی، مزاج کی مٹھاس، اور صبر "
"ces choses rendent une femme heureuse"

"یہ چیزیں عورت کو خوش کرتی ہیں "
"et la bête a toutes ces qualités précieuses"
"اور حیوان میں یہ تمام قیمتی خصوصیات ہیں "
"c'est vrai, je ne ressens pas de tendresse et d'affection pour lui"
"یہ سچ ہے؛ مجھے اس کے لیے پیار کی نرمی محسوس نہیں ہوتی "
"mais je trouve que j'éprouve la plus grande gratitude envers lui"
"لیکن مجھے لگتا ہے کہ میں اس کے لئے سب سے زیادہ شکر گزار ہوں "
"et j'ai la plus haute estime pour lui"
"اور میں اس کی سب سے زیادہ عزت کرتا ہوں "
"et il est mon meilleur ami"
"اور وہ میرا سب سے اچھا دوست ہے "
« Je ne le rendrai pas malheureux »
"میں اسے دکھی نہیں کروں گا "
« Si j'étais si ingrat, je ne me le pardonnerais jamais »
"اگر میں اتنا ہی ناشکرا ہوتا تو میں خود کو کبھی معاف نہ کرتا "
Belle a posé sa bague sur la table
خوبصورتی نے اپنی انگوٹھی میز پر رکھ دی۔
et elle est retournée au lit
اور وہ دوبارہ بستر پر چلا گیا
à peine était-elle au lit qu'elle s'endormit
وہ سونے سے پہلے بستر پر کم ہی تھی۔
elle s'est réveillée à nouveau le lendemain matin
وہ اگلی صبح دوبارہ اٹھی۔
et elle était ravie de se retrouver dans le palais de la bête
اور وہ اپنے آپ کو درندے کے محل میں پا کر بہت خوش تھی۔
elle a mis une de ses plus belles robes pour lui faire plaisir
اس نے اسے خوش کرنے کے لیے اپنا ایک بہترین لباس پہنا
et elle attendait patiemment le soir
اور وہ صبر سے شام کا انتظار کرنے لگی
enfin l' heure tant souhaitée est arrivée
آخرکار مطلوبہ گھڑی آ گئی ۔
L'horloge a sonné neuf heures, mais aucune bête n'est apparue

گھڑی کے نو بج رہے تھے، پھر بھی کوئی جانور نظر نہیں آیا

La belle craignit alors d'avoir été la cause de sa mort

خوبصورتی کو پھر خوف ہوا کہ وہ اس کی موت کا سبب بن گئی ہے۔

elle a couru en pleurant dans tout le palais

وہ محل کے چاروں طرف روتی ہوئی بھاگی۔

après l'avoir cherché partout, elle se souvint de son rêve

ہر جگہ اسے ڈھونڈنے کے بعد اسے اپنا خواب یاد آیا

et elle a couru vers le canal dans le jardin

اور وہ باغ میں نہر کی طرف بھاگی۔

là elle a trouvé la pauvre bête étendue

وہاں اس نے غریب درندہ کو پھیلا ہوا پایا

et elle était sûre de l'avoir tué

اور اسے یقین تھا کہ اس نے اسے مار ڈالا ہے۔

elle se jeta sur lui sans aucune crainte

اس نے بغیر کسی خوف کے اپنے آپ کو اس پر پھینک دیا۔

son cœur battait encore

اس کا دل اب بھی دھڑک رہا تھا

elle est allée chercher de l'eau au canal

وہ نہر سے پانی لے کر آئی

et elle versa l'eau sur sa tête

اور اس نے پانی اس کے سر پر انڈیل دیا۔

la bête ouvrit les yeux et parla à Belle

جانور نے اپنی آنکھیں کھولیں اور خوبصورتی سے بات کی۔

« Tu as oublié ta promesse »

"تم اپنا وعدہ بھول گئے "

« J'étais tellement navrée de t'avoir perdu »

"تمہیں کھو کر میرا دل بہت ٹوٹا تھا "

« J'ai décidé de me laisser mourir de faim »

"میں نے خود کو بھوکا رہنے کا فیصلہ کیا "

"mais j'ai le bonheur de te revoir une fois de plus"

"لیکن مجھے آپ کو ایک بار پھر دیکھ کر خوشی ہوئی ہے "

"j'ai donc le plaisir de mourir satisfait"

"تو مجھے اطمینان سے مرنے کی خوشی ہے "

« Non, chère bête », dit Belle, « tu ne dois pas mourir »

"نہیں، پیارے جانور ،" خوبصورتی نے کہا،" تمہیں نہیں مرنا چاہیے "

« Vis pour être mon mari »

"میرے شوہر بننے کے لیے جیو "
"à partir de maintenant je te donne ma main"
"اس لمحے سے میں آپ کو اپنا ہاتھ دیتا ہوں "
"et je jure de n'être que le tien"
"اور میں قسم کھاتا ہوں کہ آپ کے سوا کوئی نہیں ہوں "
« Hélas ! Je pensais n'avoir que de l'amitié pour toi »
"افسوس !میں نے سوچا کہ میری صرف تم سے دوستی ہے "
« mais la douleur que je ressens maintenant m'en convainc » ;
"لیکن اب میں جو غم محسوس کرتا ہوں وہ مجھے یقین دلاتا ہے۔ "
"Je ne peux pas vivre sans toi"
"میں تمہارے بغیر نہیں رہ سکتا"
Belle avait à peine prononcé ces mots lorsqu'elle vit une lumière
خوبصورتی قلیل نے روشنی دیکھ کر یہ الفاظ کہے تھے۔
le palais scintillait de lumière
محل روشنی سے جگمگا اٹھا
des feux d'artifice ont illuminé le ciel
آتش بازی نے آسمان کو جگمگا دیا۔
et l'air rempli de musique
اور ہوا موسیقی سے بھری ہوئی تھی۔
tout annonçait un grand événement
ہر چیز نے کسی عظیم واقعہ کا نوٹس دیا۔
mais rien ne pouvait retenir son attention
لیکن کچھ بھی اس کی توجہ نہیں روک سکا
elle s'est tournée vers sa chère bête
وہ اپنے پیارے جانور کی طرف متوجہ ہوئی۔
la bête pour laquelle elle tremblait de peur
وہ جانور جس کے لیے وہ خوف سے کانپ رہی تھی۔
mais sa surprise fut grande face à ce qu'elle vit !
لیکن جو کچھ اس نے دیکھا اس پر اس کی حیرت بہت تھی !
la bête avait disparu
جانور غائب ہو گیا تھا
Au lieu de cela, elle a vu le plus beau prince
اس کے بجائے اس نے سب سے پیارا شہزادہ دیکھا
elle avait mis fin au sort

اس نے جادو کو ختم کر دیا تھا

un sort sous lequel il ressemblait à une bête

ایک جادو جس کے تحت وہ ایک جانور سے مشابہت رکھتا تھا۔

ce prince était digne de toute son attention

یہ شہزادہ اس کی پوری توجہ کے لائق تھا۔

mais elle ne pouvait s'empêcher de demander où était la bête

لیکن وہ مدد نہیں کر سکتی تھی لیکن پوچھتی تھی کہ وہ حیوان کہاں تھا۔

« Vous le voyez à vos pieds », dit le prince

"آپ اسے اپنے قدموں میں دیکھتے ہیں،" شہزادے نے کہا

« Une méchante fée m'avait condamné »

"ایک شریر پری نے میری مذمت کی تھی "

« Je devais rester dans cette forme jusqu'à ce qu'une belle princesse accepte de m'épouser »

"مجھے اسی شکل میں رہنا تھا جب تک کہ ایک خوبصورت شہزادی مجھ سے شادی کرنے پر راضی نہ ہو جائے "

"la fée a caché ma compréhension"

"پری نے میری سمجھ چھپائی "

« tu étais le seul assez généreux pour être charmé par la bonté de mon caractère »

"میرے مزاج کی بھلائی سے متاثر ہونے کے لیے آپ ہی واحد سخی تھے "

Belle était agréablement surprise

خوبصورتی خوشی سے حیران تھی

et elle donna sa main au charmant prince

اور اس نے دلکش شہزادے کو اپنا ہاتھ دیا۔

ils sont allés ensemble au château

وہ ایک ساتھ محل میں چلے گئے۔

et Belle fut ravie de retrouver son père au château

اور خوبصورتی اپنے والد کو محل میں پا کر بہت خوش تھی۔

et toute sa famille était là aussi

اور اس کا پورا خاندان بھی وہاں موجود تھا۔

même la belle dame qui lui était apparue dans son rêve était là

یہاں تک کہ وہ خوبصورت عورت جو اس کے خواب میں نظر آئی

"Belle", dit la dame du rêve

"خوبصورتی، "خواب سے خاتون نے کہا
« viens et reçois ta récompense »
"آؤ اور اپنا انعام حاصل کرو"
« Vous avez préféré la vertu à l'esprit ou à l'apparence »
"تم نے فضیلت کو عقل یا شکل پر ترجیح دی ہے"
"et tu mérites quelqu'un chez qui ces qualités sont réunies"
"اور آپ کسی ایسے شخص کے مستحق ہیں جس میں یہ خوبیاں یکجا ہوں"

"tu vas être une grande reine"
"آپ ایک عظیم ملکہ بننے والی ہیں"
« J'espère que le trône ne diminuera pas votre vertu »
"مجھے امید ہے کہ تخت آپ کی فضیلت کو کم نہیں کرے گا"
puis la fée se tourna vers les deux sœurs
پھر پری دونوں بہنوں کی طرف متوجہ ہوئی۔
« J'ai vu à l'intérieur de vos cœurs »
"میں نے تمہارے دلوں میں دیکھا ہے"
"et je connais toute la méchanceté que contiennent vos cœurs"
"اور میں جانتا ہوں کہ تمہارے دلوں میں جو بغض ہے"
« Vous deux deviendrez des statues »
"تم دونوں مجسمے بن جاؤ گے"
"mais vous garderez votre esprit"
"لیکن تم اپنا خیال رکھو گے"
« Tu te tiendras aux portes du palais de ta sœur »
"تم اپنی بہن کے محل کے دروازے پر کھڑے رہو گے"
"Le bonheur de ta sœur sera ta punition"
"تمہاری بہن کی خوشی تمہاری سزا ہو گی"
« vous ne pourrez pas revenir à vos anciens états »
"آپ اپنی سابقہ ریاستوں میں واپس نہیں جا سکیں گے"
« à moins que vous n'admettiez tous les deux vos fautes »
"جب تک کہ تم دونوں اپنی غلطیوں کو تسلیم نہ کرو"
"mais je prévois que vous resterez toujours des statues"
"لیکن مجھے اندازہ ہے کہ تم ہمیشہ مجسمے ہی رہو گے"
« L'orgueil, la colère, la gourmandise et l'oisiveté sont parfois vaincus »
"غرور، غصہ، پیٹو، اور سستی کبھی کبھی فتح ہو جاتی ہے"

" mais la conversion des esprits envieux et malveillants sont des miracles "

"لیکن غیرت مند اور بدنیت ذہنوں کی تبدیلی معجزہ ہے "

immédiatement la fée donna un coup de baguette

فوراً پری نے اپنی چھڑی سے ایک جھٹکا دیا۔

et en un instant tous ceux qui étaient dans la salle furent transportés

اور ایک ہی لمحے میں ہال میں موجود سب کو منتقل کر دیا گیا۔

ils étaient entrés dans les domaines du prince

وہ شہزادے کی سلطنت میں چلے گئے تھے۔

les sujets du prince l'ont reçu avec joie

شہزادے کی رعایا نے خوشی سے اس کا استقبال کیا۔

le prêtre a épousé Belle et la bête

پادری نے خوبصورتی اور جانور سے شادی کی۔

et il a vécu avec elle de nombreuses années

اور وہ کئی سال اس کے ساتھ رہا۔

et leur bonheur était complet

اور ان کی خوشی مکمل تھی

parce que leur bonheur était fondé sur la vertu

کیونکہ ان کی خوشی فضیلت پر قائم تھی۔

La fin
دی اینڈ

www.tranzlaty.com